CADET FOUYOU.

Imprimerie Pollet et Cie, 380, rue Saint-Denis.

ÉTRENNES

DE
CADET FOUYOU.

PROPHÉTIES
GÉNÉRALES ET PARTICULIÈRES
Pour l'An de Grâce
Mil huit cent quarante-quatre;
Par FIFI ANDRÉ,

Vous jurez et promettez de dire la vérité.
Toute la vérité, et rien que la vérité ?

JE LE JURE !

PRIX : 20 CENTIMES.

PARIS,

Chez **GALLET**, ÉDITEUR-LIBRAIRE,
Boulevart du Temple, 86,
Et chez l'auteur, rue des Tournelles, 12.

1844.

CADET FOUYOU,

PETIT REJETON DU GRAND THOMAS-MOULT.

PROPHÉTIES

Véridiques et surprenantes

POUR L'AN DE GRACE 1844.

AIR : *connu.*

Or écoutez, petits et grands,
Mettant de côté les cancans,
La kyrielle de bonheurs, de peines;
Des jours, des mois et des semaines,
Qu'mil huit cent quarant'quatre aura,
Supportera, endurera !

Oui, Fanchon, oui, ma Fanchonnette, t'as beau
me regarder avec tes yeux; c'est comme j'ai l'honneur de te le dire : de d'puis hier, vois-tu, je suis
devenu prophète. Oh! mais prophète!... premier
numéro! — L'avenir m'est connu maintenant aussi
ben que j' connais la Courtille, les barrières Ro-
ch'chouard, Mont-Parnasse, Ménilmontant, le Maine,
et cœtera, et cœtera, où nous allons ensemble ri-
goler, r'licher le picton à 6, et chanter en chorus
les gaudrioles qu'on y fredonne avec un certain suc-

cès. —Tiens, Fanchon, sois bonne enfant, et écoute-
moi.

AIR : *J'vas vite préparer l'diner.* (Diner de Madelon.)

> V'là du nouveau, v'là du certain,
> Accourez tretous à la roude ;
> V'nez apprendre ce que l'destin
> Ménage à not' machine ronde.
> Mil huit cent quarant'trois fiuit,
> Mil huit cent quarant'quatr' surgit !

Fanchon, j' vas me fâcher si tu as l'air de rire comme ça à mon nez, à ma barbe. — Apprends qu'il n'y a rien de plus vexant pour un particulier, que de voir sa particulière qu'à l'air de s' fiche de lui.

Écoute-moi, et tu feras mieux, et surtout crois-moi, quant j' te dis que j' suis devenu tout à coup prophète ! — C'est cette nuit, pour la troisième fois, que le destin ma révélé la destinée.

Or cette nuit, suis bien le fil de mon monologue, cette nuit..., et tu sais, Fanchon, que l' proverbe dit : la nuit tous chats sont gris.

Eh ! bien, cette nuit, un gros chat noir vint se cramponner sur mon épigastre, comme dit un carabin de ma connaissance, ce que nous appelons nous autres hommes de la nature : *le bréchet* de l'estomac.

Sentant ce gros chat qui commençait à m'étouffer, je me réveille en sursaut, et je saute comme un goujon qui tombe dans la friture. — N'aie pas peur, qui m' dit le noir miamiaous, je ne te veux que du bien ; je suis le Destin, je viens te faire connaître la destinée de ton beau pays, de la France.

— Oh! oh! que j' dis, fameux! — Moi qui suis aussi curieux qu'une jeune fille qui veut tout savoir, j' fus d'abord étonné un tantinet ; mais luron et pas *faignant* de mon naturel, et enchanté d'entendre parler Rominagrobis, je lui réponds avec aplomb ; car tu sais que l'ancien gamin de Paris, le roi des Titis, l'administrateur des trognons de pommes, n'est pas un chien à s'ébouriffer : Parle, chat, je t'écoute.

Et tu fais bien, me répliqua la bête à poils.

Alors Minet se plaça près de mon oreille, et j'écoutai de toutes les miennes.

Ah! Fanchon!... Fanchon!... comme il m'en apprit, le gredin! Il en avait de la japette! — T'es joliment bavarde, Fanchon?... Eh ben, t'es t'une muette auprès d' lui.

Après cette séance, il me dit : Fouyou, mon Cadet, maintenant tu peux prédire... et tu enfonceras les Moult, les Nostradamus, les Mathieu Lænsberg et tous les prophètes, diables, devineresses présens, passés et futurs.

C'est dit, que j' lui dis ; à moi la pomme pour les pronostications!... Gré coquin! vais-t'y m'en donner!

Et c'est par toi que je commence, ma petite Fan*chonnette.

Fais silence autant que cela est possible dans une personne de *tr...sesque*.

Je ne parlerai pas du passé, tout le monde connaît ça... mais l'avenir!... oh! l'avenir!... il n'y a que toi z'et moi qui le connaîtrons aujourd'hui.

Même air que le précédent.

De c'qui s'est fait ne parlons plus,
Tout le mal passé n'est qu'un songe ;
Plaintes, regrets s'raient superflus,
Sur c'qu'est bâclé passons l'éponge.
Au diable un triste souvenir !
Espérons tout de l'avenir.

C'est beau l'avenir ! c' n'est à personne, et c'es
à tout le monde !... C'est le premier architecte des
châteaux en Espagne ! c'est le consolateur d'un mau
vais présent, et c'est le hochet de tous les bambo-
cheurs !..... L'avenir, ma Fanchon , c'est le pour
voyeur des plus belles choses !.. Dans l'avenir, nou
pouvons devenir des personnages conséquents !.. T
seras peut-être revendeuse à la toilette ! et moi !..
moi ! bedeau de la paroisse !... Hein ! quel honneur
Et puis, vois-tu, de d'puis qu' mon chat m'a parl
à l'oreille, j'ai la plus grande vénération pour les
Armanachs !... C'est au point que le Destin m'a di
que je pourrais en faire... Hein !... faire des *Arma-*
nachs... Fouyou *armanatiseur !...* çà entre dans mes
goûts passés et présents.

Même air (ainsi que pour les autres couplets).

J'aime à lir' dans les *armanachs,*
D'tous les livr's c'est ceux que j'préfère ;
Car *c'est* eux qui, sans tant d'mic-macs,
Nous dis'ent tout c'qu'arriv' sur la terre.
Cré-coquin ! d'après ces livr's-là,
Quelle bonne année on aura !

Tant mieux ! tant mieux, ma Fanchon !... Une

bonne année, c'est comme une bonne femme , c'est rare ; mais ça flatte quand on peut mettre la patte dessus.

Mil huit cent quarant'trois a vu
Faire de fameuses brioches ;
Et l'honneur commun, c'est connu,
Recut de terribl's anicroches !
Mil huit cent quarant' quatr' fera
Tant d'bell's chos's qu'on l'admirera !

Ah ! ça c'est vrai ! c'était à qui en ferait d'ces brioches ! en a-t-on fait !... en a-t-on fait !... ici... là... par là... et puis encore !... ah ! Dieu de Dieu !.. brioches sur brioches !.... c'était capable de faire tomber en faiblesse, de dépit, tous les pâtissiers, les marchands de galette du boulevard, et jusqu'aux boulangers qui se donnent aussi les airs de briocher.

Dans c't'anné'-là, mes bons amis,
Nous nous f'rons des boss's ben jolies ;
Car on dit, qu'dans tous les pays,
Les allouette's tomb'ront tout's roties.

FANCHON.

Cré-coquin !... si c'est ben vrai ça,
La bonne année que ça fera !

Te fais-tu une idée, ma Fanchon, de mets tous rotis, cuits, assaisonnés qui descendront de là-haut !.... et les braves ouvriers, les malins titis et leurs gentilles parsonnières, qui n'auront que la peine de ramasser pour se mettre à table et engloutir toute la journée !

Et, comme le bon Dieu est trop bon pour nous envoyer si bien à manger sans nous verser à boire, attendu qu'il n'aura pas envie de faire étouffer ses plus chères créatures.

Je suis certain que ces jours-là, il fera tomber pour notre usage particulier, une délirante pluie à verse de Bourgogne et de Surène, voire même d'Argenteuil et de Joigny.

> Les jeun's fill's n'auront qu'un amant,
> A c' t'amant ell's seront fidèles ;
> On ne fera plus de cancans
> Sur les dam's, sur les demoiselles.

FANCHON.

> Cré-coquin !... si c'est vrai tout ça,
> La bonne anné' que ça fera !

Ça en contrariera d'aucunes qui n' peuvent pas aimer plus de vingt-quatre heures, et pour lesquelles la constance est une inconnue... mais, en revanche, ça consolidera le sentiment. — Et les cancaniers, les cancanières, comme ils auront le bec clos !

> N'y aura plus d'émeut's ni de d' complots,
> On n' suivra qu'une même bannière,
> Et les jug's, dans un doux repos,
> Termineront leur vieill' carrière.

FANCHON.

> Cré-coquin !... si c'est ben vrai ça,
> La bonne anné' que ça fera !

Vois-tu comme on sera tranquille et heureux ? Tous les Français s'ront tous des frères ; on s'donnera la main avec plaisir lorsqu'on ne se méfiera plus les uns des autres... ça s'ra une vraie jubilation !

> Les dévot's s'humaniseront
> Et ne seront plus médisantes,

Les marchands jamais n' tromperont ,
Tout's les femmes seront constantes.

FANCHON.

Cré-conquin !... si c'est vrai tout ça ,
La bonne anné' que l'on aura !

Je le crois pardieu bien !... les dévotes devenues
bonnes et indulgentes, ce à quoi on n'est pas encore
accoutumé , les marchands qui ne floueront plus la
pratique , et les femmes qui ne feront plus de traits
à leurs maris ni à leurs amants !... ça f'ra joliment
baisser les ouvrages en corne — Ce sera à crier
miracle, à s'égosiller , dût-on se déranger la char-
nière de la mâchoire.

Tous les auteurs réussiront ,
Plus de sifflets ni plus d'envie ;
Couplets ; comédies qu'ils feront
S'ront œuvre d'esprit, de génie.

FANCHON.

Cré-coquin !... si c'est vrai tout ça ,
La bonne année que ça fra !

Conçois-tu ? — Les théâtres où c' qu'on ne repré-
sentera que de bonnes pièces, ça s'ra plaisir alors
d'y porter ses 75 centimes , parce que les auteurs ne
feront que du bon... En v'là du nouveau !... Comme
on applaudira la rareté de la chose... comme les
salles seront pleines !... Je vois d'ici les directeurs
rire dans leur barbe.

Not' bell' France , ainsi que jadis,
S'ra respecté' par ses voisines ;
Sitôt qu'elle montera ses fils,
Ell's cesseront d'être taquines.

FANCHON.

Cré-coquin!... si c'est ben vrai ça,
La bonne anné' que l'on aura !

A la bonne heure !... Un beau et brave pays
comme le nôtre n'est pas fichu pour marcher à la
remorque des autres... qué diable! Les Français ont
prouvé qu'ils étaient de fameux lapins... ils le prou-
veraient encore... ils le prouveront toujours !... une
grande nation ne peut dégénérer.

On vivra partout librement,
On pourra tout dire, tout écrire;
Sans craindre alguasils, sergent,
De tout le monde on pourra rire.

FANCHON.

Cré-coquin !... si c'est ben vrai ça,
La bonne anné' que l'on verra !

Oh ! m'en r'donnerai-je t'y ?... moi qui n'ai pas
ma langue dans ma poche, j'en débiterai de belles
et de bonnes !... Je dirai, sans me gêner, que
monsieur Chose .. monsieur Machin .. sont des ci,
des ça, des vrais inutiles... que madame Machine...
mamzelle une telle... et comme je rirai en divul-
guant leurs farces... j' rirai à en avoir la rate...

On s'aimera sincèrement,
Plus de querelle de ménage ;
Du vrai bonheur le complément
Se trouvera dans l' mariage.

FANCHON.

Cré-coquin!... si c'est vrai cela,
La bonne année que ça fera !

Hein! des petits ménages sans querelles... un
mari qui ne griffera plus sa femme, comme...
Suffit!... Une femme qui ne cassera plus le manche
à balai sur l'échine de son homme, comme la...
Assez causé... Ça s'ra aussi étonnant que du vin de
marchand de vin sans baptême. — Mais vois donc
les époux, les épouses vivre comme de tendres tour-
tereaux, disant toujours oui et non ensemble, se bé-
quetant, s'embrassant, se pressant, se..... à chaque
instant de la journée... N'y a-t-il pas d' quoi se
pâmer en criant : Merveille !

On n' connaîtra plus de procès,
Et par ainsi plus de chicane;
Les avoués ferm'ront le Palais,
Et les huissiers prendront leur canne.

FANCHON.

Cré-coquin !... si c'est vrai tout ça,
La bonne anné' que l'on aura !

Quel renfoncement pour toutes ces vilaines robes
noires, qui savaient si bien s'engraisser aux dépens
des imbécilles qui allaient leur demander défense et
protection ! car, à l'exception de dignes et braves
gens, comme dit le Normand, y s' trouve partout,
le reste... ma foi le reste... Chut ! — Mon chat m'
l'a dit. Plus de dispute, plus de papier timbré, plus
de procès... Mais c'est l'âge de... l'âge de je n' sais
quoi qui va revenir... Tout le monde d'accord ; on
aura toujours bon voisin, par ainsi bon matin !... et
allez donc !...

Pour bien vivre, mes amis, chez nous
On n' f'ra presque plus de dépense ;
Car on aura pour quelques sous
Pain, vin, fricot en abondance.

FANCHON.

Cré-coquin !... si c'est ben vrai ça ,
La bonn' anné' dont on jouira !

Nous nous en ferons des bosses... et d' gentilles
bosses... des monstres de bosses... et à bon marché.
Enfoncé les restaurants chicards , les gargottiers
chouettes !... Pour deux sous , pitance et boisson à
discrétion, et par dessus le marché les allouettes rô-
ties !... Tiens , vois-tu , ma Fanchon , ton Cadet
Fouyon, ton chéri, ton chérubin , ne mourra que
d'une indigestion !

Les bons gendarmes n'auront plus
Qu'à flâner ou prendre un air tendre ;
Car dans ce temps tout de vertus
Les gendarmes n'auront rien à prendre.

FANCHON.

Cré-coquin !... si c'est vrai cela,
La bonne anné' que ça sera !

Ces bons gendarmes qui aiment tant leur petit
commerce , comme ils vont s'embêter !... car, quoi
qu'en dise ma prophétie, l'air tendre... les soupirs...
c'est pas la consigne du gendarme !... Il courtise bien
les cuisinières pour le premier bouillon du sentiment , mais ça n' dépasse pas le pot-au-feu... il sa-
salue gracieusement la bonne d'enfant, il embrasse
le moutard pour en faire autant à la petite innocente
bonne, puis v'là tout. — Pour flâner, c'est une autre
paire de manches : le gendarme peut être flâneur...
c'est pas un crime... Enfin si l' destin l' veut, je l'
veux itou.

Les chemins d' fer remplaceront
Tout's les grand's routes de la France ;

L' matin les gourmands partiront
Pour aller dîner en Provence.

FANCHON.

Cré-coquin !... si c'est ben vrai ça,
La bonne anné' que l'on aura.

C'est là qu'il y a de bonnes choses à r'licher dans
ette Provence de mon cœur ! — A moi un vagon ,
ut d' suite... Postillon de la locomotive , donne
eux picotins de houille à tes animaux , et partons
ite , mon homme. — J' vas déjeûner avec du bon
hon à Marseille, et j' reviens ce soir, faubourg An-
oine , manger le paquet de couennes en famille.—
rois heures après j'ai mon bon thon, — et trois
eures encore après , mon nœud d'épée. — Cent et
e ne sais combien de myriamètres en six heures !...
omme les Générales , les Royales , les Toulouse, les
ouchard feront la grimace... mais les voyageurs ,
omme ils seront gracieux de jubilation !

L'incognito n'existera plus :
Chacun avouera ses chef-d'œuvres,
N'y aura plus de pèr's inconnus,
Plus d' bâtards n'import' pour quell's œuvres.

FANCHON.

Cré-coquin !... si c'est ben vrai ça ,
La bonne anné' que l'on aura !

Ah ! si j' n'étais né qu'en 1844, je n' serais pas auss[i]
ête que je l' suis, j' s'rais sûr de connaître un père...
oi que ma mère a accoutumé à ne pas savoir ce
ue c'était qu'un papa ! —Cependant elle m'a répété
ille et mille fois que j'avais du sang de Thomas-
oult dans les veines. — Plus de bâtards ! — les En-
ants-Trouvés, la Maternité, v'là d'fameux locaux à
ouer, ça va augmenter les noyaux de la ville.

Les mandatair's de not' pays
N'auront plus qu'une seule envie,
Oubliant eux et leurs amis,
De ne penser qu'à la patrie.

FANCHON.

Cré-coquin !... si c'est du vrai ça,
La bonne anné' dont on jouira !

A la bonne heure... v'là du chenu... parlez-moi
d' ça. — Des députés qui s'occuperont sans relâche
d'assurer le bonheur du pauvre peuple.

Tout's les nouvell's lois qu'on fera,
Seront des lois vraiment françaises ;
Par lesquell's l' député dira :
Faut que tout le monde ait ses aises.

FANCHON.

Cré-coquin !... si c'est vrai cela !
La bonne anné' que l'on aura !

Entends-tu, Fanchon ? je s'rai à mon aise, tu s'ras
à ton aise, il sera à son aise, nous serons tous à notre
aise... hein ! c'est consolant. — Tiens , j' deviendrai
aussi gros, aussi gras que c' chrétien, not' voisin, qu'a
vingt-cinq mille livres de rente. — Avec des députés
vraiment français , on n' pourra avoir que des lois
frrrrrançaises !...

Plus de voleurs, plus de filous ,
On ne craindra plus pour ses poches;
Car on ne verra plus chez nous
Que d'honnêtes gens sans reproches.

FANCHON.

Cré-Coquin !... si c'est vrai cela ,
La bonne année que ça fera

Les menuisiers, les serruriers, les mécaniciens, applatis.—Et toi Paravol, mon doux ami, ingénieuse invention pour la sûreté publique, ton règne à peine commencé sera fini,..... détrôné ! — on couchera les portes et les fenêtres ouvertes, la bourse sur la croisée ; et si, par hasard, un coup de vent la faisait choir dans la rue voisine, un passant viendrait vous la remettre. C'est gentil ça !... y aura plaisir à vivre dans un pays comme celui-là.—Encore des appartements vacants à la Force, à la Roquette, à Saint-Lazare, aux bagnes. — Mais c'est une bénédiction !

Les petits trouv'ront près des grands,
Chaque jour, un secours salutaire ;
Et malgré la richesse, les rangs,
L'orgueil n'habitera plus la terre.

FANCHON.

Cré-coquin !... si c'est ben vrai ça,
La bonne anné' dont on jouira !

V'là comme j'entends l'monde et la *socilliété* !... moi, qui suis chargé d'argent comme les crapauds de plumes, j'irai trouver monsieur... Chose, qui nage dans les pièces de quarante sous et dans les napoléons;—J'irai lui dire : Mon brave homme, j'ai besoin d'espèces et tout d'suite.—Sans m'demander ni pourquoi ni comment, l'aimable monsieur Chose ouvrira sa bourse, et m'donnera une grosse poignée de pièces six liards. — Viens, Fanchon, viens, nous allons aller tortiller un peu proprement au Feu Éternel, qu'on dirait être l'enseigne de notre amour. —C'est ça du mirobolan ! — Ce monsieur Chose qui ne sera plus fier, s'ra le premier à m'saluer en me rencontrant, et à m'dire : Bonjour, monsieur de Fouyou, comment qu'ça va? — En v'là un beau et bon siècle !

Nos troupiers, ces braves soldats,
Dont le courag' n'fut jamais louche,
R'trouveront dans glorieux combats,
La victoire au fond d'leur cartouche.

FANCHON.

Cré-coquin!... si c'est vrai tout ça,
La bonne anné' que ça fera !

Ah ! comme y s'raient contents et heureux d'faire
comme leurs vaillants frères en Afrique, qui arran-
gent pas mal monsieur Abel qu'a Lair d'un vrai
chenapan, et toute sa séquelle.—Comme y piétine-
raient de plaisir ces gentils pioupious de n'plus jouer
à la petite guerre, de jouer à la bataille tout de bon,
et y jouer aussi crânement que leurs péres et grands-
péres, qui filérent de si glorieux jours en Prusse,
en Autriche, en Pologne, en Russie, dans c'temps
de c'petit qu'était si grand!... si grand!... que son
pareil se fera longtemps attendre.—Oh ! oui qu'ils
aimeraient mieux le pays ennemi qu'la caserne.

Dame le soldat français a du sang de braves dans
les veines ; et, s'il a souvent soif du riquiqui de la
jolie cantinière du régiment, il a la pépie de lau-
riers et de gloire !

On n'est pas soldat français pour rien !

Partout on priera le bon Dieu
Sans hypocrisi', sans grimace ;
Et l'on n'verra dans le saint lieu
Que des ministr's dign's de leur place.

FANCHON.

Cré-coquin!... si c'est ben vrai ça,
La bonne année que l'on verra !

J' n'aime pas les dévotes moi, parce qu'en général

les dévotes sont plus méchantes que celles qui ne le sont pas ; cancannières, médisantes et méprisantes. —Ah! la vilaine race!

La femme vraiment pieuse! oh! celle-là a droit à nos respects, à notre vénération!... mais les dévotes, et les dévots, tout d'même, ils mériteraient..... sufficit !

Des ames pieuses et de bons prêtres il n'y en aura jamais de trop; de ces brebis galeuses, s'il s'en trouvait dans le beau troupeau, de ces êtres qui ont habitude de faire de tout métier et marchandise, dehors !... dehors !... bien vite.

La brebis galeuse est la perte d'un troupeau.

> L'beau sexe, assez beau d'ses attraits,
> S'ra modest', sans coquetterie,
> Et nos jeunes lions désormais
> Renonc'ront aux vieilles roueries.

FANCHON.

> Cré-coquin!... si c'est vrai tout ça,
> La bonne anné' que ça fera !

Ah! mon Dieu! mon Dieu! quelle réforme! la femme plus coquette, et les jeunes lions plus mauvais sujets... Les premières seront capables de mourir dans des attaques de nerfs, si elles sont forcées de renoncer aux caprices, aux œillades, aux faux soupirs, aux mensonges! mais aussi combien elles seront plus aimables, celles qui résisteront à la réforme. Et les lions qui cesseront de hâbler, de se vanter, de se faire valoir en compromettant la réputation de femmes vertueuses; ceux-là sont capables de se faire ermites plutôt que de montrer au monde leur heureux changement.—C'est égal, j'aimerai voir tout ça.

Beaucoup d'travail et plus d'impôt,
L'ouvrier vivra comme un prince ;
Il pourra mettr' la poule au pot,
A Paris comm' dans la province.

FANCHON.

Cré-coquin !... si c'est vrai tout ça,
La bonne anné' que l'on aura !

La poule au pot !... fameux !... comme au bon temps du roi Henri, du luron royal, qui disait si gentiment :

« Ventre saint-gris, Paris vaut bien une messe ! »

De l'ouvrage et la poule au pot, et l'gorgeon du sentiment, l'ouvrier n'en demande pas davantage ; et on l'entendra chanter gaîment la mère Godichon.

Les rois ne s'ront plus embêtés
Par des flatteurs aux regards sinistres ;
Les peupl's n'seront plus attristés,
Comm' jadis par d'mauvais ministres.

FANCHON.

Cré-coquin !... si c'est ben vrai ça,
La bonne anné' dont on jouira !

C'est ça qui s'ra un bonheur pour ces braves rois qui souvent ont les meilleures intentions du monde, qui voudraient rendre heureux les ceux qu'ils gouvernent, et qui en sont empêchés par tels ou tels flagorneurs qui ne pensent qu'à remplir leurs poches, etc., etc.

Not' bell' patrie un jour r'prendra
La plac' qu'elle avait ;... la première !
Et chacun la respectera,
Comme on la respectait naguère.

FANCHON.

Cré-coquin !... si nous voyons ça,
La bonne anné' que ça sera !

Allons donc ! — allons donc !... j' l'avais deviné avant les révélations de mon gros chat noir, que notre belle France retrouverait sa splendeur d'autrefois !... et que comme en 1806, 7, 8, 9, 10 et 11, elle serait la première de toutes les nations !... qu'on l'admirerait... qu'on la respecterait !... notre chère France ne plus être la belle, l'unique dans l'univers !.... impossible !.... malgré tous les efforts des renégats qui voudraient l'abaisser.

Tous les homm's seront constants,
Et de l'honneur suivant la route,
Banquiers, notair's, négociants,
Ne feront plus jamais banqu'route.

FANCHON.

Cré-coquin !... si c'est ben vrai ça,
La bonne anné' que ça sera !...

Ah ! comme les affaires marcheront... c'est alors que Cadet Fouyou placera ses épargnes, ses économies, — lorsqu'il en aura... Dieu sait quand !... lui l'ignore encore.

C'est égal, plus de banqueroutes ! c'est consolant pour les ceux qui sont plus calés que nous, et qui ont un tas d'pièces de vingt francs dont ils ne savent que faire.

Mais comme un bonheur est souvent suivi d'un malheur, ça fera un tort *conséquent* aux recettes des messageries et des chemins de fer, parce qu'alors ces messieurs ne feront plus aussi souvent le voyage de Belgique.

> Tous les médecins sauveront
> De la mort, leurs pauvres malades ;
> Et pour tisane ordonneront
> Du champagne à pleine rasades.

FANCHON.

> Cré-coquin !... si c'était comm' ça,
> La bonne anné' que l'on aura !

En v'là des docteurs précieux, et d'vant lesquels les humains doivent se mettre à genoux par reconnaissance !... pour tisane, du champagne !... ah !.... Fouyou !... Fouyou !... v'là une belle occasion pour tomber malade !... du champagne à boire tous les jours et toutes les nuits ! qu'est-ce donc que ces délirants docteurs ordonneront de boire à leurs malades convalescents ?... de l'anisette.... du rhum.... du rac... du punch...! — Tiens, Fanchon, je me sens déjà indisposé ; va vite chercher un médecin, et dis-lui d'apporter avec lui ses médicaments, un panier de champagne. — Ah ! vais-t'y m'en donner ! — te toi aussi, ma Fanchonnette, je te mets à la tisane, tu m'en diras de bonnes nouvelles.

> Au théâtr' l's auteurs s'ront certains,
> D'un succès loyal, sans conteste ;
> Car, du parterr' l'saffreux romains
> S'ront expulsés comme une peste !

FANCHON.

> Cré-coquin !... si c'est bén vrai ça,
> La bonne anné' que ça fera.

V'là ce qui m'chiffonne, parce qu'enfin les romains, quoi qu'on en dise, ont été la providence de pas mal d'auteurs et de beaucoup de directeurs, qui l'saient soutenir par eux les auteurs qu'ils protégeaient, et tomber ceux qui leur déplaisaient quoiqu'ils aient du talent.

Après tout, ça engagera auteurs et directeurs à redoubler d'efforts pour contenter ce bon public qui chaque soir, en grossissant leurs bourses, a bien le droit d'exiger qu'on l'amuse par de bonnes pièces pour son argent.

C'est tout d'même un délassement de moins pour mes amis, et ça va faire joliment diminuer les battoirs et les sifflets.

Eh! ben, ma Fanchonnette, que dis-tu des prédictions de mon gros chat noir? hein?... ne sont-elles pas étonnantes, ébouriffantes, mirobolantes et charmantes?

Je les dis à toi; tu les diras à tes oncles, à tes tantes surtout, à tes cousins, cousines, nièces, neveux, amis et connaissances, qui, à leur tour, les débiteront dans leurs coteries, *intra* et *extra muros*.

Et le mois de janvier ne sera pas passé que le plus petit môme de Paris, des banlieues et des départements, connaîtra, sur le bout de son doigt, les prophéties véridiques de Cadet Fouyou! quelle gloire!... pour les Fouyou présents et à venir!

A vous, estimable public que je révère et que je remercie mille fois, si vous vous êtes donné la peine de lire le griffonnage de mon ami et secrétaire intime et particulier, André;... à vous toute ma reconnaissance!

Puisqu'on se sauve par la foi,
Moi, j'ai la foi la plus complète ;
Et tout ce bel av'nir, ma foi,
Comme à moi, je vous le souhaite !
Et nous dirons, tretous, comme ça :
Cré-coquin !... qu'elle anné' que v'là,
Oh ! la bonne anné' que voilà !

FIN.